BEI GRIN MACHT SICH IHR WISSEN BEZAHLT

- Wir veröffentlichen Ihre Hausarbeit, Bachelor- und Masterarbeit
- Ihr eigenes eBook und Buch - weltweit in allen wichtigen Shops
- Verdienen Sie an jedem Verkauf

Jetzt bei www.GRIN.com hochladen und kostenlos publizieren

Bibliografische Information der Deutschen Nationalbibliothek:

Die Deutsche Bibliothek verzeichnet diese Publikation in der Deutschen Nationalbibliografie; detaillierte bibliografische Daten sind im Internet über http://dnb.d-nb.de/ abrufbar.

Dieses Werk sowie alle darin enthaltenen einzelnen Beiträge und Abbildungen sind urheberrechtlich geschützt. Jede Verwertung, die nicht ausdrücklich vom Urheberrechtsschutz zugelassen ist, bedarf der vorherigen Zustimmung des Verlages. Das gilt insbesondere für Vervielfältigungen, Bearbeitungen, Übersetzungen, Mikroverfilmungen, Auswertungen durch Datenbanken und für die Einspeicherung und Verarbeitung in elektronische Systeme. Alle Rechte, auch die des auszugsweisen Nachdrucks, der fotomechanischen Wiedergabe (einschließlich Mikrokopie) sowie der Auswertung durch Datenbanken oder ähnliche Einrichtungen, vorbehalten.

Impressum:

Copyright © 2018 GRIN Verlag
Druck und Bindung: Books on Demand GmbH, Norderstedt Germany
ISBN: 9783668837331

Dieses Buch bei GRIN:

https://www.grin.com/document/446532

Anonym

Marketing und Vertrieb I. Marktformen, Preis- und Nachfrageelastizität, Asymetrische Informationen und Märkte, Wettbewerbsstrategien

GRIN Verlag

GRIN - Your knowledge has value

Der GRIN Verlag publiziert seit 1998 wissenschaftliche Arbeiten von Studenten, Hochschullehrern und anderen Akademikern als eBook und gedrucktes Buch. Die Verlagswebsite www.grin.com ist die ideale Plattform zur Veröffentlichung von Hausarbeiten, Abschlussarbeiten, wissenschaftlichen Aufsätzen, Dissertationen und Fachbüchern.

Besuchen Sie uns im Internet:

http://www.grin.com/

http://www.facebook.com/grincom

http://www.twitter.com/grin_com

Deutsche Hochschule für
Prävention und Gesundheitsmanagement
Hermann Neuberger Sportschule 3
66123 Saarbrücken

Einsendeaufgabe

Fachmodul: Marketing und Vertrieb I

Studiengang: Master of Arts Prävention und Gesundheitsmanagement

Datum Präsenzphase: 15.01.18 bis 17.01.18

Studienort: **Saarbrücken**

Semester: **WS 2017**

Inhaltsverzeichnis

1 MARKTFORMEN 3

1.1 Polypol 3

1.2 Kurzfristige Änderungen für ein einzelnes Unternehmen 3

1.3 Kurzfristige und langfristige Effekte 4

1.4 Langfristige Marktanpassung 5

2 PREIS- UND NACHFRAGEELASTIZITÄT 6

2.1 Monopolistische Konkurrenz 6

2.2 Werbung in der monopolistischen Konkurrenz 6

3 ASYMMETRISCHE INFORMATIONEN UND MÄRKTE 8

3.1 Asymmetrische Informationen 8

3.2 Signaling 9

3.3 Anwendung in der Praxis 11

4 WETTBEWERBSSTRATEGIEN 11

5 LITERATURVERZEICHNIS 13

6 ABBILDUNGSVERZEICHNIS 14

6.1 Abbildungsverzeichnis 14

1 Marktformen

1.1 Polypol

Zu den idealtypischen Marktformen zählt das Polypol. Das Polypol ist sowohl durch viele Anbieter einer Leistung, als auch durch viele Nachfrager charakterisiert (Gabler Wirtschaftslexikon, 2018).

Im Folgenden wird anhand des Beispiels „Fitness- und Präventionsdienstleistungen an Ältere" die Auswirkung des demografischen Wandels (Zunahme der Zahl Älterer) hinsichtlich der Marktform Polypol erläutert. Nach Birg & Flöthmann (2002, S.387) nimmt die demographische Alterung in Deutschland zu. Der deutliche Anstieg der ferneren Lebenserwartung, speziell im höheren Alter, führt zu einer Zunahme der Zahl älterer Menschen. Zusätzlich steigt auch das Einkommen Älterer und Fitness im hohen Alter stellt einen gesellschaftlichen Trend dar. Aus den genannten Gründen steigt die Nachfragekurve, immer mehr Älterer möchten Fitness betreiben. Folglich steigen somit die Preise der Fitnessanlagen. Bezüglich der hohen Nachfrage und der Aussicht auf Gewinn steigt auch die Angebotskurve, indem neue Betreiber in den Markt eintreten und immer mehr Anbieter der Leistung Fitness für Ältere auf dem Markt präsent sind. Der Markteintritt neuer Unternehmen setzt sich so lange fort, bis der ursprüngliche Anfangspreis wieder erreicht ist. Demnach sinken die Preise wieder, um Konkurrenzfähig zu bleiben und die anderen Anbieter ausstechen zu können. Einige Anbieter steigen auch wieder aus. Die Preise und das Gewinnniveau sind wieder zurück auf dem Ausgangspunkt.

1.2 Kurzfristige Änderungen für ein einzelnes Unternehmen

Der Markteintritt weiterer Unternehmen in die Branche wirkt sich kurzfristig auf die Preisbildung sowie den Gewinn für ein einzelnes Unternehmen aus. Wie in der Abbildung Abb. 1 dargestellt, steigt die Nachfrage am Markt von D1 auf D2. Immer mehr ältere Menschen wollen im hohen Alter Fitness betreiben, somit existiert ein Nachfrageüberschuss. Demnach steigt der Preis kurzfristig von P1 auf P2. Das Unternehmen erhöht die Menge von q1 auf q2. Der Gewinn des Unternehmens wird erhöht.

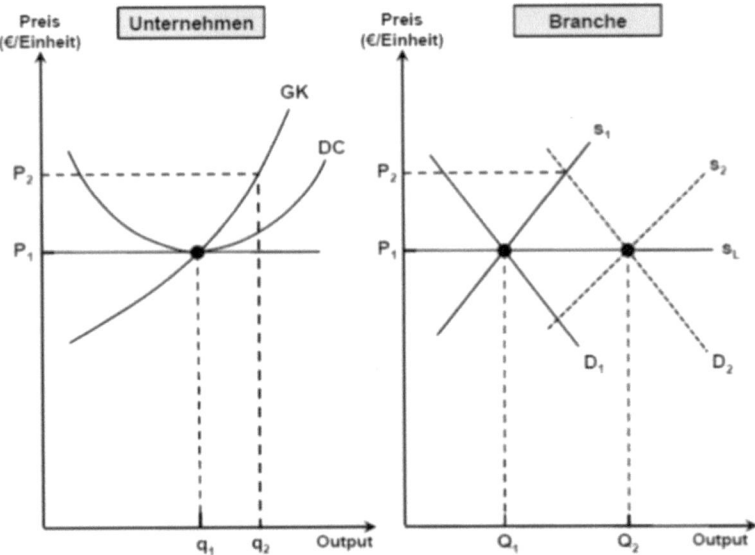

Abb. 1: kurzfristige Änderungen der Preisbildung und Gewinn für ein Unternehmen (modifiziert nach Pindyck & Rubinfeld, 2005, S.388)

1.3 Kurzfristige und langfristige Effekte

Zunächst unterscheidet man zwischen der kurzfristigen und langfristigen Angebotsfunktion eines Unternehmens. In beiden Fällen wählen die Unternehmen die Gütermenge so, dass der Preis gleich den Grenzkosten ist. Bei der kurzfristigen Angebotsfunktion besteht allerdings nicht die Möglichkeit alle Produktionsfaktoren optimal anzupassen. Kurzfristig kann die Produktion an die veränderten Preise angepasst werden, indem die Arbeitseinsätze modifiziert werden. Die Ausdehnung der Produktion bei steigendem Marktpreis würde schließlich höhere Grenzkosten verursachen, was das Unternehmen langfristig hinnehmen müsste. Auf langer Sicht kann der Kapitaleinsatz optimiert werden, um mit den minimalsten Kostenausmaß zu produzieren

„Die kurzfristige Marktangebotskurve gibt die Gütermenge an, die ein Unternehmen kurzfristig zu jedem möglichen Preis produziert" (Pindyck & Rubinfeld, 2009, S.379). Die Marktangebotskurve kann durch die Addition der Angebotskurven jedes Unternehmens ermittelt werden. Das langfristige Marktangebot kann nicht auf diese Weise analysiert werden. Langfristig treten Unternehmen in den Markt ein und verlassen diesen, sobald sich der Marktpreis ändert (Pindyck & Rubinfeld, 2009, S.393). Nach Pindyck & Rubinfeld (2009, S.393) hängt die langfristige Angebotskurve davon ab, wie stark die

Steigerungen/ Senkungen des Branchenoutputs die Preise beeinflussen, die von den Unternehmen für die Inputs im Produktionsprozess gezahlt werden müssen.

Bei der kurzfristigen Gewinnmaximierung arbeitet das Unternehmen mit einer fixen Kapitalmenge und muss die Niveaus seiner variablen Produktionsfaktoren so wählen, dass der Gewinn maximiert wird (Pindyck & Rubinfeld, 2009, S.370). Ein Unternehmen kann kurzfristig auch mit einem Verlust arbeiten, wenn es für die Zukunft einen Gewinn erwartet, der Preis seines Produktes steigt und die Produktionskosten sinken. Ein Unternehmen kann kurzfristig zwischen der Möglichkeit einen gewissen Output zu produzieren oder der Möglichkeit die Produktion einzustellen entscheiden. Bei der langfristigen Gewinnmaximierung vergrößert das Unternehmen seinen Gewinn durch die Wahl des Outputs, bei dem der Preis gleich den langfristigen Kosten ist. Der Gewinn eines Unternehmens ist umso höher, je höher der Marktpreis ist (Pindyck & Rubinfeld, 2009, S.363).

Bezieht man diese Effekte nun auf das Beispiel "Fitness- und Präventionsdienstleistungen an Ältere", stellt man fest, dass durch die erhöhte Nachfrage kurzfristig der Preis für das Fitnessangebot für Ältere steigen wird. Es erfolgt auch ein Preisanstieg bezüglich der Produktionsfaktoren: Es werden mehr Arbeitskräfte, Geräte, Ausstattungen usw. benötigt. Zudem steigt die Angebotskurve, neue Unternehmen treten in den Markt ein und der Output wird erhöht. Auf langfristiger Sicht sinken die Preise wieder, da jedes Unternehmen überleben möchte und das Preisniveau bezüglich der hohen Konkurrenz sinkt. Folglich ist das Gewinnniveau wieder zurück am Anfangspunkt. Die Unternehmen, die keine Chance auf dem Markt haben und keine Gewinne erzielen, steigen wieder aus.

1.4 Langfristige Marktanpassung

Aus der langfristigen Marktanpassung folgt hinsichtlich des Arbeitsmarktes eine erhöhte Nachfrage nach Fitnessfachkräften. Die Fitnessbranche ist auf gut ausgebildete Fitnessfachkräften angewiesen. Durch die erhöhte Nachfrage am Markt ist nur ein knappes Angebot an qualifizierten Arbeitnehmern vorhanden. Wenn neue Unternehmen in den Markt eintreten und sich der Output, die Menge erhöht, werden sich die Preise für das einzelne Unternehmen in Bezug auf einzelnen Produktionsfaktoren erhöhen. Die Kosten für das Personal, für die qualifizierten Arbeitnehmer werden sich erhöhen (Schlaffke & Plünnecke, 2017, S.180).

2 Preis- und Nachfrageelastizität

2.1 Monopolistische Konkurrenz

Nach Gröndahl und Leroch (2011, S.121) ist die monopolistische Konkurrenz eine Marktform, bei der viele kleine Anbieter jeweils eine Marktnische bedienen, diese Nischen aber miteinander um die Konsumenten konkurrieren. Sehr oft wird der Monopolist durch ein Markenrecht oder Patentrecht von seiner potenziellen Konkurrenz geschützt. Der Monopolist hat Kunden, die nur bei einem sehr großen Preisunterschied zur Konkurrenz wechseln würden, aber auch Käufer welche indifferent zwischen den einzelnen Produkten sind und nur nach dem Preis entscheiden. Dabei geht der Monopolist davon aus, dass die eigenen Preis- und Mengenentscheidungen keinen Einfluss auf die anderen Unternehmen hat (Gröndahl & Leroch, 2011, S.122). Der Wettbewerbsgrad der monopolistischen Konkurrenz ist sehr gering, da es am Markt sehr viele Anbieter gibt und jeder einzelne das Verhalten der Konkurrenz ignorieren kann. Durch die Produktdifferenzierung ist es dem einzelnen Anbieter möglich eine Monopolstellung einzunehmen. Die Produkte sind zwar ähnlich, weißen aber einen erkennbaren Unterschied auf. Im diesem Zusammenhang wird genauer auf der Preiselastizität der Nachfrage eingegangen.

„Die Preiselastizität ist eine Kennziffer, die das Verhältnis der relativen Nachfrageveränderung eines Gutes und der sie auslösenden relativen Veränderung des Preises desselben Gutes misst" (Piekenbrock, 2018). Die Preiselastizität der Nachfrage ermittelt, wie stark sich die Nachfrage nach einem Gut ändert (gemessen in Prozent), wenn sich der Preis für dieses Gut um ein Prozent ändert (Gröndahl & Leroch, 2011, S.44). Je mehr engere Substitute existieren, umso höher ist die Elastizität der Nachfrage. Nimmt ein Unternehmen eine geringe, erhebliche Senkung des Preises vor, so wird die Menge darauf reagieren und die Nachfrage sowie Absatzmenge steigen. Die Nachfrage ist damit elastisch. Nimmt ein Unternehmen dagegen eine geringe, erhebliche Erhöhung des Preises vor, so werden die Konsumenten möglicherweise zur Konkurrenz abwandern und die Nachfrage sinken (Gröndahl & Leroch, 2011, S.44).

2.2 Werbung in der monopolistischen Konkurrenz

„Werbung will bei ihren Adressaten etwas bewirken. Sie will via Information den Wissenstand erhöhen, will die Meinungen und Einstellungen zu den beworbenen Objekten positiv verändern und letztlich auch zu bestimmtem Verhalten führen" (Siegert & Brecheis, 2016, S.8).

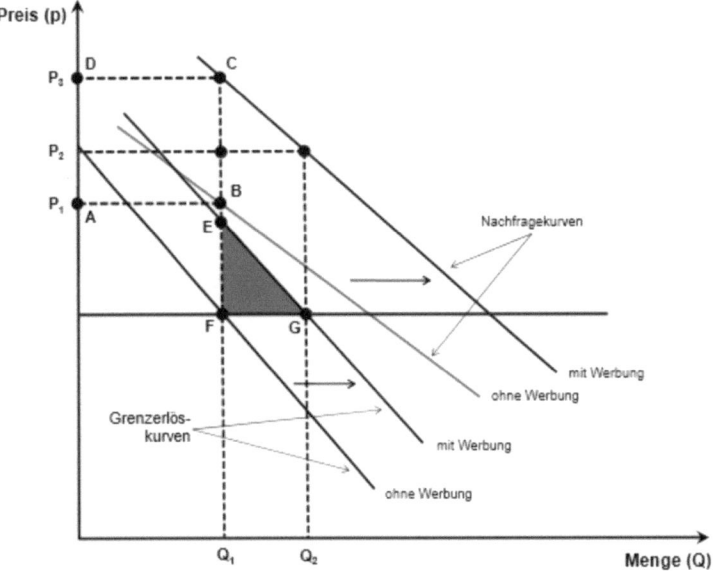

Abb. 2: Einfluss der Werbung auf die Nachfragekurve (Stiglitz & Walsh, 2010, S.402)

Werbung spielt für die Marktform der monopolistischen Konkurrenz eine bedeutende Rolle. In Anlehnung an die Abbildung Abb. 2 von Stiglitz und Walsh (2010, S.402) soll die Bedeutung der Werbung genauer erläutert werden. Durch den Einsatz von Werbung ist es für ein Unternehmen möglich, die bisherige Menge zu einem höheren Preis zu verkaufen (P3 statt P1). Der Umsatz nimmt um die ursprüngliche Absatzmenge (Q1) mal der Preisänderung (P3-P1) zu, was in der Abbildung durch die Fläche ABCD gekennzeichnet ist (Schlaffke & Plünnecke, 2017, S.192). Zudem verschiebt sich die Nachfragekurve sowie die Grenzerlöskurve nach oben, wodurch die Absatzmenge erhöht werden kann. Die Grenzkosten werden dem Grenzerlös gleichgesetzt, damit der Output von Q1 auf Q2 ansteigt. Der zusätzliche Umsatz wird durch die Fläche zwischen Grenzerlös- und Grenzkostenkurve von Q1 bis Q2 gemessen. Der Gewinn ist mit der Fläche EFG gekennzeichnet. Das Unternehmen weist somit einen Nettozuwachs des Gewinns der Fläche ABCD mit der Fläche EFG minus der Werbekosten, auf (Stiglitz & Walsh, 2010, S.402).

3 Asymmetrische Informationen und Märkte

3.1 Asymmetrische Informationen

Nach Erlei, Leschke & Sauerland (2007, S.148.170) bezeichnet "adverse selection" eine Ausprägung von Marktversagen, welche aus der Informationsasymmetrie zwischen Käufer und Verkäufer vor Vortragsabschluss resultiert. Eine "adverse selection" besteht dann „wenn Produkte verschiedener Qualität zum gleichen Preis verkauft werden, da Käufer oder Verkäufer nicht ausreichend Informationen über die wahre Qualität der Produkte zum Kaufzeitpunkt haben" (Stiglitz & Walsh, 2010, S. 404). Häufig hat der Auftraggeber geringere Informationen über das Produkt als der Vertreter. Das Problem kann dabei sein, dass eine sehr große Menge des qualitativ minderwertigen Produktes und eine zu kleine Menge des qualitativ hochwertigen Produktes auf dem Markt etabliert und verkauft werden. "Demnach sind Asymmetrische Informationen der Grund, warum qualitativ mindere Güter qualitativ hochwertigere Güter vom Markt verdrängen" (Akerlof, 1979, S.489 f.). Die Folgen können eine Marktzerstörung und Marktversagen sein.

George A. Akerlof (1970) beschrieb das Problem der Informationsasymmetrien in seinem veröffentlichten Artikel "The Market for Lemons". Dabei erklärt Akerlof, dass Käufer bei einem Vertragsabschluss weniger Informationen über das Produkt besitzen, als der Verkäufer. In diesem Zusammenhang wird das „Market for Lemon-Problem" mit einem Beispiel aus dem Fitness- und Gesundheitsmarkt verdeutlicht. Der Gerätehersteller Technogym möchte sich mit einer neuen hochklassigen Linie von "Skillmill" Laufbändern, welche ohne Motor funktionieren, auf dem Markt etablieren und Marktführer werden. Die Käufer orientieren sich in ihrer Zahlungsbereitschaft am Durchschnittswert von Laufbändern, da sie die Produktqualität dieser neuen Linie nur schlecht einschätzen können und zu wenig Informationen über das Produkt besitzen. Der Durchschnittswert liegt unter dem Reservationswert des hochklassigen Anbieters. Der Anbieter wird die Laufbänder nicht zu diesem Preis verkaufen und verlässt somit den Markt. Demnach werden nach und nach die Anbieter der hochklassigen Laufbänder mit guter Qualität aus dem Markt gedrängt. Die Zahlungsbereitschaft und die Qualitätserwartungen der Kunden sinken. Folglich bleiben nur noch die Anbieter mit schlechter Qualität übrig und der Preis sinkt immer weiter nach unten.

3.2 Signaling

Signalisierung ist eine Möglichkeit, um das „Market for Lemon-Problem" umgehen zu können. Nach Hopf (1983, S.112) ist Signaling die Informationsübermittlung von der informierten an die uninformierte Marktseite. Die informierte Seite signalisiert der uninformierten Seite Informationen über die Qualität der Produkte, damit diese die Produkte sowie Verhalten besser bewerten können. Dabei ist zu beachten, dass die Signale auf Seiten der informierten Marktseite erst gewählt werden, nachdem die durch die Informationsübermittlung anfallenden Kosten gegen den möglichen erzielbaren Signalnutzen abgewogen worden sind.

Der Arbeitgeber kann die Grenzproduktivität des neuen Arbeitnehmers nicht direkt beobachten. Damit ein Arbeitgeber im Vorfeld einen Eindruck über die Produktivität eines neuen potentiellen Arbeitnehmers erlangen kann, können diese Signale zur Hilfe herangezogen werden. Die Kosten eines Studiums aus Sicht einer Person am Arbeitsmarkt, welche die Belastbarkeit und Lernfähigkeit signalisieren möchte, ist ein starkes Signal. Zunächst zeigt der Abschluss eines Studiums dem Arbeitgeber, dass die Person die Fähigkeit besitzt zu lernen und eine Sache länger durchzuziehen. Ein Studium signalisiert dem Unternehmen die Produktivität des Studierenden. Dafür muss das Studium einen gewissen Schwierigkeitsgrad aufweisen, welches für den weniger produktiven Studenten nicht möglich ist. Je höher die Kosten für ein Studium sind, umso mühsamer ist das Studium für den Studierenden und umso unproduktiv ist diese Person, was in Abb. 4 veranschaulicht wird. Je günstiger das Studium ist, umso leichter fällt dem Studierenden das Studium und steigert somit die Produktivität, sichtbar in Abb. 3. Der Studierende ist zum einen mehr wissbegierig und schafft meistens das Studium in einem schnelleren Zeitraum.

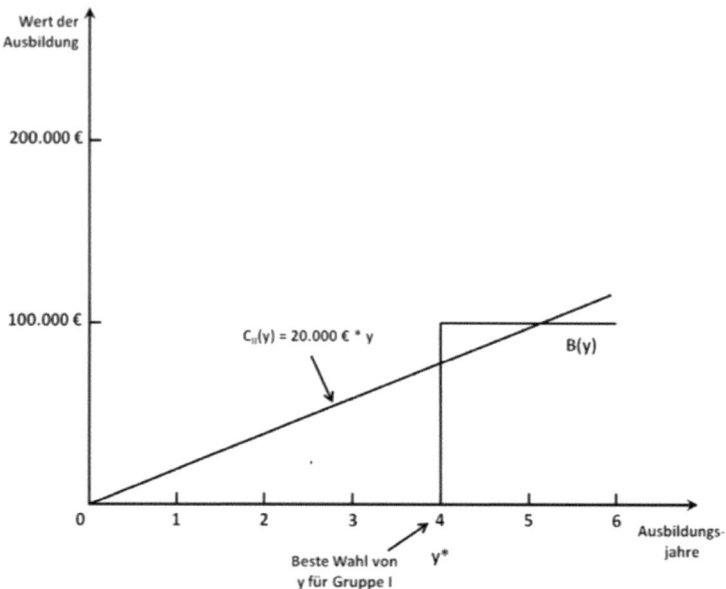

Abb. 3: geringe Lernkosten (modifiziert nach Pindyck & Rubinfeld, 2005, S.811)

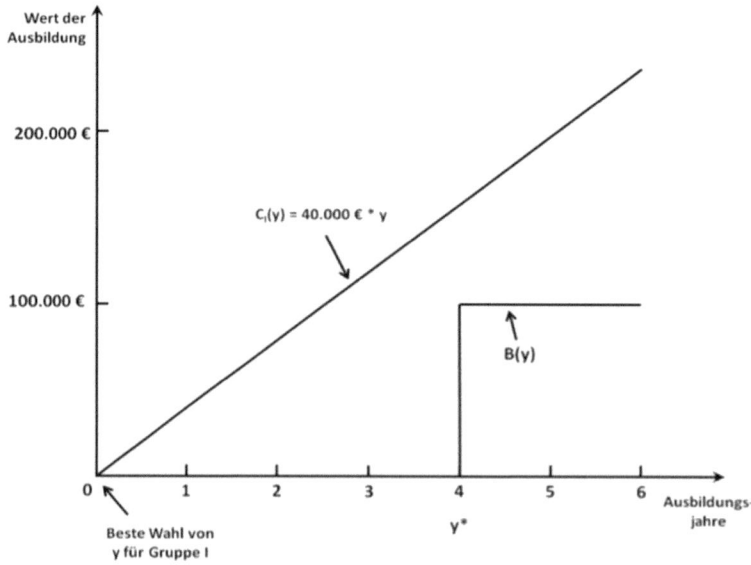

Abb. 4: hohe Lernkosten (modifiziert nach Pindyck & Rubinfeld, 2005, S.811)

3.3 Anwendung in der Praxis

Anbieter auf dem Fitnessmarkt können ihre Qualität über die Zertifizierung beim DSSV (Arbeitgeberverbund deutscher Fitness- und Gesundheitsanlagen) signalisieren. Der Fitnessclub Fitness and More in Nortorf hat sich beispielsweise eine Zertifizierung nach der DIN 33961 eingeholt. Die DIN 33961 regelt Anforderungen und Normen in Bezug auf das Gruppentraining, gerätegestützte Herz- Kreislauftraining, gerätegestützte Krafttraining sowie grundlegende Anforderungen wie Hygiene und Service. So belegt diese Zertifizierung die Qualität des Angebotes von Fitness and More und macht die Qualität sichtbar. Die zertifizierte Qualität schafft Vertrauen an die Kunden sowie Kooperationspartner. Ein weiterer Vorteil für Fitness and More ist, dass sie sich von den Mitbewerbern abheben können und diese Zertifizierung als Marketing- und Verkaufsargument einbringen können (DSSV, 2018). Somit ist die Zertifizierung ist ein starkes Signal.

Ein weiteres Beispiel ist die Fitnesskette INJOY. INJOY bekam im Jahr 2017 den deutschen Servicepreis für eine gezielte, individuelle und umfassende Beratung. Das Gütesiegel spiegelt die Qualität hinsichtlich der Beratung und Trainingseinführung der Kunden wider. INJOY hat sich dabei gegen 23 andere Unternehmen durchgesetzt und wurde der Testsieger in der Kategorie Gesundheit. „Das Angebot und die Ausstattung überzeugten mit vielseitigen Kursplänen, neuen Trainingsformen und weiteren Services, etwa einer Ernährungsberatung", urteilt das Institut. Die Auszeichnung ist ein starkes Signal hinsichtlich der Qualität von INJOY (INJOY, 2017).

4 Wettbewerbsstrategien

Oft werden bei Gesundheitsdienstleistungen zu unterschiedlichen Zeiten unterschiedliche Preise berechnet (Spitzlast). Die Fitnessanlage Fitness First arbeitet mit dieser Strategie. Fitness First bietet bei einer Mitgliedschaft die Option "Daytime" an. Das heißt, wenn der Neukunde diese Option bucht, bekommt dieser jeden Monat zehn Euro Rabatt auf den Mitgliedsbeitrag. Die Option "Daytime" heißt, dass der Kunde den Club von Montag bis Freitag bis 16 Uhr nutzen darf, am Wochenende und feiertags uneingeschränkt (Fitness First, 2018). Ein Grund für den Einsatz dieser Strategie ist, dass die Auslastung in der Fitnessanlage abends viel höher als morgens ist. Die steigende Grenzkosten am Abend sollen durch höhere Preise gedeckt werden. Gelingt es Fitness

First gegen Abend so, dass der Grenzerlös gleich dem Grenzkosten ist, wird in den Stoßzeiten ein höherer Preis realisiert. Durch den vergünstigten Preis will man dem Kunden das Training am Vormittag attraktiver machen und morgens eine höhere Auslastung erreichen. Ziel ist es die erhöhte Nachfrage zu bestimmten Zeiten mit erhöhten Preisen zu besetzen, was die Spitzenlast- Preisbildung darstellt.

Ein weiterer Gesundheitsdienstleister, welcher mit dieser Wettbewerbsstrategie arbeitet, ist das Europabad in Karlsruhe. Das Europabad bietet einen Spartarif dienstags bis donnerstags von 10.00 bis 14.00 Uhr an. Die Kunden müssen an diesen Tagen und zu dieser Uhrzeit nur zwei Stunden bezahlen, dürfen aber vier Stunden bleiben (Europabad, 2018). Über diesen Rabatt soll die Auslastung um die Mittagszeit erhöht werden, um die Frequentierung zu den Stoßzeiten zu senken. Schafft es das Europabad, dass in den Stoßzeiten der Grenzerlös gleich den Grenzkosten ist, wird auch in den Stoßzeiten ein höherer Preis erwirtschaftet. Dadurch wird auch die Effizienz des Unternehmens verbessert.

In Anlehnung der Abbildung Abb. 5 ist es von Fitness First und dem Europabad Karlsruhe das Ziel, die Nachfragehöhepunkte (dargestellt durch die Nachfragekurve D1) zu den Stoßzeiten am Abend zwischen 17.00 und 20.00 Uhr mit höheren Preisen (P1) zu belegen. Zu den Zeitpunkten der niedrigeren Nachfrage (D2) werden auch niedrigere Preise (P2) verlangt.

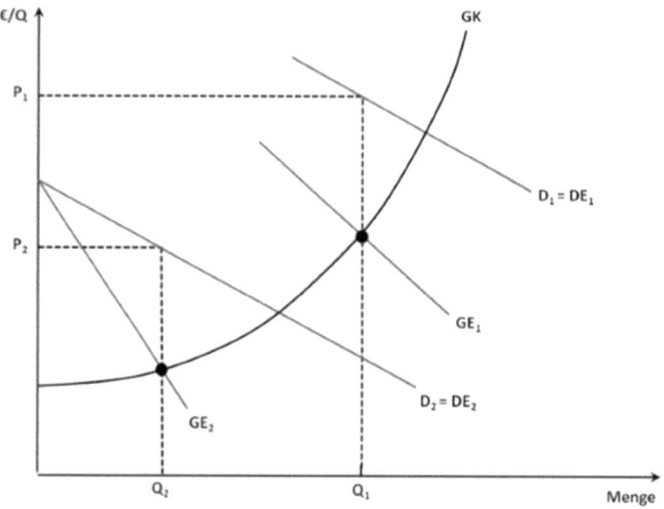

Abb. 5: Spitzenlast-Preisbildung (modifiziert nach Pindyck & Rubinfeld, 2013, S.558)

5 Literaturverzeichnis

Akerlof, G.A. (1979). *Efficieny wage models of the labor market*. Cambrige university press. New York.

Birg, H. & Flöthmann, E. (2002). Langfristige Trends der demographischen Alterung in Deutschland. *Zeitschrift für Gerontologie und Geriatrie*, 35, 387-398.

DSSV (2018). *Qualität DIN 33961*. Zugriff am 28. Januar 2018. Verfügbar unter https://www.dssv.de/qualitaet-din-33961/din-norm-33961/.

Erlei, M., Leschke, M., Sauerland, D. (2007). *Neue Institutionsökonomik* (2. Aufl.). Verlag: Stuttgart.

Europabad Karlsruhe (2018). *Preise*. Zugriff am 30. Januar 2018. Verfügbar unter https://www.ka-europabad.de/europabad/preise.html.

Fitness First (2018). *Mitgliedschaft*. Zugriff am 28. Januar 2018. Verfügbar unter https://www.fitnessfirst.de/checkout/addons?js=nojs.

Gabler Wirtschaftslexikon (2018). *Polypol*. Zugriff am 23. Januar 2018. Verfügbar unter http://wirtschaftslexikon.gabler.de/Archiv/12004/polypol-v9.html

Gröndahl, J. & Leroch, M. (2011). *Mikroökonomie: Wissenswertes auf einen Blick*. Verlag: Bookboon.

Hopf, Michael (1983). *Informationen für Märkte und Märkte für Informationen* (14. Aufl). Frankfurt: Barudio und Hess.

INJOY (2017). *Qualität: Auszeichnungen*. Zugriff am 28. Januar 2018. Verfügbar unter https://www.injoy.de/qualitaet/auszeichnungen.html.

Piekenbrock, D. (2018). *Preiselastizität*. Gabler Wirtschaftslexikon. Verlag: Springer Gabler.

Pindyck, R.S. & Rubinfeld, D.L. (2009). *Mikroökonomie* (7.Aufl.). Verlag: Pearson Studium.

Pindyck, R.S. & Rubinfeld, D.L. (2013). *Mikroökonomie* (8. Aufl.). Verlag: Pearson Studium.

Schlaffke, W. & Plünnecke, A. (2017). Marketing und Vertrieb I. Saarbrücken: DHFPG.

Siegert, G. & Brecheis, D. (2016). *Werbung in der Medien- und Informationsgesellschaft* (3.Aufl.). Wiesbaden: Springer.

Stiglitz, J.E. & Walsh, C.E. (2010). *Mikroökonomie 1 zur Volkswirtschaftslehre* (4.Aufl.). Verlag: Oldenbourg.

6 Abbildungsverzeichnis

6.1 Abbildungsverzeichnis

Abb. 1: kurzfristige Änderungen der Preisbildung und Gewinn für ein Unternehmen (modifiziert nach Pindyck & Rubinfeld, 2005, S.388) 4

Abb. 2: Einfluss der Werbung auf die Nachfragekurve (Stiglitz & Walsh, 2010, S.402) 7

Abb. 3: geringe Lernkosten (modifiziert nach Pindyck & Rubinfeld, 2005, S.811) 10

Abb. 4: hohe Lernkosten (modifiziert nach Pindyck & Rubinfeld, 2005, S.811) 10

Abb. 5: Spitzenlast-Preisbildung (modifiziert nach Pindyck & Rubinfeld, 2013, S.558) 12

BEI GRIN MACHT SICH IHR WISSEN BEZAHLT

- Wir veröffentlichen Ihre Hausarbeit, Bachelor- und Masterarbeit

- Ihr eigenes eBook und Buch - weltweit in allen wichtigen Shops

- Verdienen Sie an jedem Verkauf

Jetzt bei www.GRIN.com hochladen und kostenlos publizieren